ÉGLISE

PALAIS ABBATIAL

ET DIVERS DÉTAILS

EXTRAITS DE LA COLLECTION.

DE FEU LOUIS LE MASSON

INGÉNIEUR EN CHEF DU CORPS ROYAL DES PONTS-ET-CHAUSSÉES.

DE L'IMPRIMÉRIE DE DUCESSOIS, QUAI DES AUGUSTINS, 55.

PARIS. CHEZ BANCE AINÉ, ÉDITEUR ET PROPRIÉTAIRE,
RUE SAINT-DENIS, N° 215.
1830.

NOTICE

LOUIS LE MASSON

INGÉNIEUR EN CHEF DU CORPS ROYAL DES PONTS-ET-CHAUSSÉES.

Louis LE MASSON, né en l'année 1743, à la Vieille-Lyre, département de l'Eure, fut admis, en 1770, à l'École royale des Ponts-et-Chaussées, sous les auspices du maréchal de Broglie, dont la famille lui a toujours conservé beaucoup d'estime et d'amitié. Son instruction étant déjà avancée lorsqu'il se livra aux études spéciales des diverses parties de la science de l'ingénieur, on lui fournit promptement les occasions de compléter ces études par leur application à des constructions monumentales dont l'histoire de l'art n'offrait pas encore d'exemples. Il fut employé, comme élève, aux travaux des ponts de Saumur, de Tours, de Sainte-Maxence, où son zèle, sa capacité, un rare talent pour le dessin, le firent connaître très-avantageusement, et distinguer par les ingénieurs célèbres auxquels nous devons ces grands et beaux monumens.

L'importance des missions dont je viens de parler n'était pas due seulement aux connaissances que LE MASSON avait acquises avant son entrée à l'École; elle était aussi motivée par ses succès dans les concours annuels de cette École. On ne doit donc pas s'étonner qu'après ce brillant début dans la carrière, il ait eu, peu de temps après sa promotion au grade d'ingénieur, en 1776, l'honneur d'être envoyé en Italie, aux frais du gouvernement, pour y exploiter les objets d'art qui forment la plus intéressante richesse de cette classique contrée.

LE MASSON était éminemment propre, par ses connaissances positives et par ses talens en dessin et en architecture, à remplir avec succès une pareille mission; il serait trop long de donner ici le détail des collections qu'il a formées, et je me bornerai à citer une vue générale de Rome, dont le mode d'exécution est un titre pour revendiquer, en faveur de la France, l'invention des *Panoramas*.

Lorsqu'il revint d'Italie, en 1780, l'administration générale des ponts-et-chaussées était dans l'intention de l'employer dans la capitale ou dans ses environs, pour le mettre à portée de donner aux matériaux recueillis toute l'utilité dont ils étaient susceptibles : ce vœu des chefs du corps fut rempli de la manière la plus complète et la plus honorable par le choix qu'on fit de LE MASSON pour être attaché à l'éducation des princes, enfans de France, en qualité de professeur d'architecture civile et militaire.

Ces fonctions, qu'il a remplies pendant neuf ans, se trouvaient cumulées avec celles d'ingénieur des ponts-et-chaussées; et il s'acquittait des unes et des autres avec un zèle si ardent, qu'il fut jugé digne d'être promu, en 1787, au grade d'inspecteur, et en 1791, au grade d'ingénieur en chef. Il servit d'abord, en cette dernière qualité, dans le département de Seine-et-Oise, où il reçut du roi Louis XVI des missions particulières, des marques de confiance également flatteuses et méritées.

Après avoir été, à l'époque désastreuse de 1793, destitué et obligé de se tenir caché, il fut rappelé à Paris, en 1795, et nommé ingénieur en chef du département de la Seine-Inférieure. C'est là que, pendant dix-huit années, il a pu faire d'importantes applications et de ses études et de son expérience, ayant dans ses attributions les travaux de plusieurs de nos principaux ports maritimes, Rouen, le Hàvre, Fécamp, Saint-Valery-en-Caux, Dieppe et Tréport.

Il avait examiné les monumens romains et comme artiste et comme ingénieur; et voulant tirer parti de ses observations dans l'établissement des constructions modernes, il fit bâtir quelques ponts dont les voussoirs, suivant la méthode antique, avaient leurs joints de lit polis et en contact immédiat; mais un résultat plus utile de ses investigations en Italie fut la composition d'un ciment propre à remplacer la pouzzolane, par des procédés nouveaux à cette époque, et de beaucoup antérieurs aux progrès récens qu'a fait cette branche de l'art.

Le pont de bateaux de Rouen ayant été emporté, en 1802, par une débâcle, LE MASSON fut chargé de le rétablir; l'exécution de cette mission le mit à portée de se rendre compte des inconvéniens graves et multipliés de l'emploi d'un système flottant pour la traversée du fleuve, tant sous le point de vue des dangers, que sous celui de la dépense, inconvéniens signalés par l'expérience d'environ deux siècles. En conséquence, il s'occupa des moyens de substituer un pont fixe au pont de bateaux, et il composa trois projets de ponts en pierre, dont l'un desquels devait être placé près d'un ancien pont construit par la reine Mathilde. Les vieux matériaux de cet ancien pont lui furent fort utiles pour la construction d'un mur de quai, remarquable par sa solidité et le système de sa fondation, dans laquelle il fit usage des pouzzolanes, dont la découverte lui était due.

Ces mêmes pouzzolanes devaient être avantageusement employées dans l'exécution de son projet définitif du pont sur la Seine à Rouen, qu'il produisit en 1811, et pour la composition duquel il avait mis à profit toutes les ressources que lui fournissaient et sa science en construction et son talent en architecture. Les détails de ce projet, lithographiés en grand atlas, offrent une série d'études intéressantes et instructives.

A ce projet étaient joints ceux d'une façade de bâtiment longeant le quai, et d'une Bourse pour le commerce, dont les conceptions pourraient être mises en parallèle avec celles des monumens qu'on admire dans la capitale. Ces projets, et plusieurs autres, exécutés ou restés en portefeuille, et dont je supprime l'énumération pour abréger, ont ajouté à sa réputation d'ingénieur celle d'architecte distingué; on y remarque l'emploi des formes antiques, dirigé par un goût sévère et éclairé, et dont on a, à portée de la capitale, à Courbevoie, un exemple digne d'être cité. C'est cet exemple que nous allons présenter à la suite de cette note, ainsi qu'un projet composé pour un *Palais abbatial de l'église de Royaumont.*

En 1812, parvenu à sa soixante-dixième année, il voulut jouir d'un repos bien mérité, et se procurer le loisir nécessaire pour rassembler et coordonner toutes les richesses accumulées dans ses nombreux portefeuilles, et en faire ensuite une publication. Il demanda sa retraite et l'obtint en 1813; mais la restauration, survenue bientôt après, le força d'ajourner l'exécution de ce dernier plan de travail. Les princes, dont il dirigea les premières études, ne l'avaient pas oublié; il fut de nouveau appelé près d'eux, avec le titre d'adjudant-commandant du gouvernement du château de Rambouillet, et le roi lui accorda, en 1815, des lettres de noblesse motivées par les expressions les plus honorables.

Ce ne fut qu'en 1821, et dans sa soixante-dix-huitième année, qu'il put enfin trouver, au sein de sa famille, la libre et entière jouissance de son temps. Mais LE MASSON ne voulant pas faire de publications partielles, l'époque à laquelle il pouvait mettre la dernière main à la tâche qu'il s'était imposée, fut tellement retardée, qu'avant d'arriver à ce terme si désirable, il a été enlevé, dans sa quatre-vingt-septième année, à sa famille et à ses nombreux amis.

EXPLICATION DES PLANCHES.

ÉGLISE DE COURBEVOIE.

PLANCHE PREMIÈRE.

PLAN de l'église de Courbevoie. L'entrée de cette église présente un porche ou portail, orné de quatre colonnes, imité du dorique grec, par lequel on parvient dans une vaste nef voûtée en coupole sur un plan de forme ovale. Sur l'un des côtés est une chapelle des fonds, et de l'autre, celle pour les mariages. Une grande ouverture, formant arcade, laisse voir, en face de l'entrée, le maître-autel et le chœur. Dans les bas-côtés parallèles au chœur sont de autels dédiés à la Vierge et au patron de l'église, et derrière le chœur se trouve une pièce servant de sacristie. Les places d'honneur, telles que celles du maire et de ses adjoints, d'un côté, et de l'autre, celles des marguilliers, y sont de même indiquées, de sorte que l'ensemble de cet édifice offre au premier aspect tout ce qui doit y être réuni, placé avec avantage sans nuire à la circulation.

PLANCHE II.

FAÇADE SUR LA RUE, ET COUPE PRISE EN TRAVERS SUR LE GRAND ARC DE LA NEF.

Cette façade, ornée de quatre colonnes et couronnée par un fronton, en offrant la plus grande simplicité, rappelle dans son ensemble la forme des temples antiques.

La coupe ornée d'un entablement dorique, circulant au pourtour de l'édifice, compose toute la richesse que l'auteur se soit permis. Dans la voûte et la coupole sont tracés de simples joints ; les arcades sont sans ornemens, et tout y rappelle le système de simplicité adopté pour la façade.

PLANCHE III.

Cette planche présente la façade de l'un des côtés de l'édifice ; on y retrouve toute la simplicité de l'élévation principale.

PLANCHE IV.

COUPE SUR LA LONGUEUR DE L'ÉGLISE.

Cette coupe montre celle du porche, de la nef, du chœur et de la sacristie. Un détail en grand de l'ordre d'architecture et de son entablement, fig. Ire. Un autre détail de la porte d'entrée, fig. II. L'entablement dorique primitif ayant été dégradé faute d'entretien, pendant l'espace de 35 ans, on lui a substitué celui fig. III, tel qu'on le voit aujourd'hui.

PROJET

D'UN PALAIS ABBATIAL

POUR

L'ABBAYE DE ROYAUMONT.

—————

PLANCHE PREMIÈRE.

Cette planche offre le plan général de l'Abbaye et de ses environs, près de laquelle est placé le nouveau Palais, avec toutes les dispositions qui peuvent concourir à son embellissement, comme de vastes cours, des avenues conduisant à différentes routes, un jardin à l'anglaise, des pièces d'eau, des rivières et tout ce qui peut enfin contribuer à l'agrément d'un édifice pour l'érection duquel on ne devait épargner aucuns frais.

PLANCHE II.

PLAN DU REZ-DE-CHAUSSÉE.

Ce plan, pris dans la hauteur du soubassement, est disposé pour les cuisines et les pièces qui en dépendent, comme salle du commun, offices, fruitier, caves et bûchers, tout enfin s'y trouve réuni de manière à répondre à la splendeur du bâtiment, et à rendre le service des employés le plus facile possible, par une circulation bien ménagée.

PLANCHE III.

PLAN DU PREMIER ÉTAGE.

Cet étage, auquel l'auteur donne le titre de noble, répond parfaitement à son titre, par sa grande et belle disposition. On parvient par un vaste perron, dans un vestibule qui conduit à une galerie, au fond de laquelle se présente l'escalier, qui, de chaque côté, donne entrée à toutes les pièces qui composent cet étage, dans lequel se trouve réuni l'agréable et l'utile.

PLANCHE IV.

PLAN DU DEUXIÈME ÉTAGE.

La distribution de cet étage est parfaitement disposée ; la détailler ici serait superflu, puisque la seule inspection du plan même peut justifier notre assertion. Les pièces à la dénomination desquelles on a ajouté une lettre, comme A, B, C et D, indiquent seulement qu'elles dépendent ou font partie de chaque appartement.

PLANCHE V.

PLAN DU TROISIÈME ÉTAGE.

Cet étage, pris dans l'attique, est formé en petites distributions ; comme la destination des pièces qui le composent est indiquée sur la planche même par lettres aphabétiques, nous y renvoyons.

PLANCHE VI.

FAÇADE PRINCIPALE OU D'ENTRÉE.

Cette façade a un aspect de grandeur ; elle est bien en analogie avec sa destination, simple dans sa richesse ; les perrons latéraux lui donnent cet aspect pyramidal qui ne manque jamais de produire de l'effet, et tout son ensemble annonce que son auteur a vu l'Italie.

PLANCHE VII.

FAÇADE POSTÉRIEURE DONNANT SUR LES JARDINS.

L'ensemble de cette façade répond parfaitement à la précédente, et quoiqu'elle diffère par les ajustemens des percés du milieu de chaque étage, elle y est en parfaite harmonie. Un détail en grand de l'entablement-couronnement donne l'idée de l'effet qu'il doit produire.

PLANCHE VIII.

FAÇADES LATÉRALES.

Une des façades latérales; l'autre lui est semblable. Toutes ces façades, quoique variées dans leur ensemble, rappellent toujours la même intention. Elles sont toutes étudiées d'une manière satisfaisante.

PLANCHE IX.

COUPE SUR LA LIGNE A B DES PLANS

Cette coupe, clairement exprimée montre le bel effet que doit produire un escalier bien placé. L'arrivée dans les pièces principales par des perrons donnant sur les jardins, la galerie et les autres pièces du deuxième et du troisième étages sont de même bien disposées, ainsi que l'escalier qui conduit à un belvédère qui domine tout le bâtiment, pour y faire jouir du bel aspect que présente sa situation.

PLANCHE X.

COUPE SUR LA LIGNE C D DES PLANS.

On voit par cette coupe l'arrivée au vestibule par le perron principal donnant sur la cour d'honneur, ensuite à la galerie au bout de laquelle est placé l'escalier qui conduit à la galerie supérieure, et par laquelle se dégagent les appartemens de cet étage. La conception de cet édifice, en général, est grande et bien disposée dans toutes ses parties. Ce projet a été étudié avec soin et talent, et par cela même il était digne d'être présenté en quelque sorte comme modèle à la méditation des gens de l'art et à celle des amateurs.

PROJET

POUR LA RESTAURATION D'UN ANCIEN AQUEDUC.

Cette planche présente la figure en grand des restes d'un ancien aqueduc, son plan et sa coupe. Une vue générale du même monument est tracée sur une petite échelle vers le haut de la planche. Elle donne les moyens de juger de son étendue primitive. Ces restes de construction, qui ont quelqu'analogie, par le style, avec celui qu'on remarque au pont du Gard, pourraient avoir été, ainsi que ce dernier, conçus et exécutés par les Romains. La restauration projetée par feu LE MASSON, quoique dans un autre genre de style, n'est pas moins convenable pour ces sortes de constructions. L'élégance y serait jointe à la solidité, et l'aspect en serait très-pittoresque et très-agréable.

PLAN, ÉLÉVATION ET COUPE

DE DEUX PONCEAUX CONSTRUITS SOUS UNE GRANDE ROUTE.

Cette planche offre le plan, l'élévation et la coupe du dressement d'une grande route sous laquelle sont construits deux ponceaux pour faciliter l'écoulement des eaux de pluie ou celui du cours de quelque ruisseau. La conception et les moyens de construction qui sont exprimés par la gravure, sont remarquables par la solidité qu'ils présentent; ils prouvent combien l'ingénieur sous la direction duquel ils ont été mis en œuvre, possédait son art à fond; il suffira de jeter les yeux sur la planche pour s'en convaincre. Tout ce qu'on pourrait y ajouter du reste remplirait moins l'objet que l'inspection que la gravure met à même de faire pour en bien juger.

PROJET DE FAÇADE

POUR UN ÉDIFICE PUBLIC.

Ce projet de façade, qui paraît n'être qu'une restauration, présente un avant-corps d'un bel effet. La table préparée sur l'attique, pour recevoir une inscription, les statues allégoriques qui sont placées sur des piédestaux à l'entrée de l'église même, tout enfin, avec son étendue en surface, annonce une certaine importance, un grandiose qui satisfait l'œil par l'ensemble de la disposition générale. Le vieux bâtiment placé au-dessus du premier, par la coupe de la nef d'une ancienne église, paraîtrait être une partie détachée de la coupe de celle figurée près du nouveau projet de façade, à laquelle se rattacherait la coupe de cette église. La tour qui la surmonte offre, dans son genre de style, des détails très-gracieux et que l'on remarque avec un certain intérêt sur la même planche.

NOTA. L'auteur de ces trois dernières planches, qui est le même que celui des précédentes, n'ayant laissé aucun renseignement sur leur contenu, nous ne les offrons ici que parce que chacune en particulier présente des parties intéressantes, instructives même, et par conséquent dignes d'être remarquées par les gens de l'art.

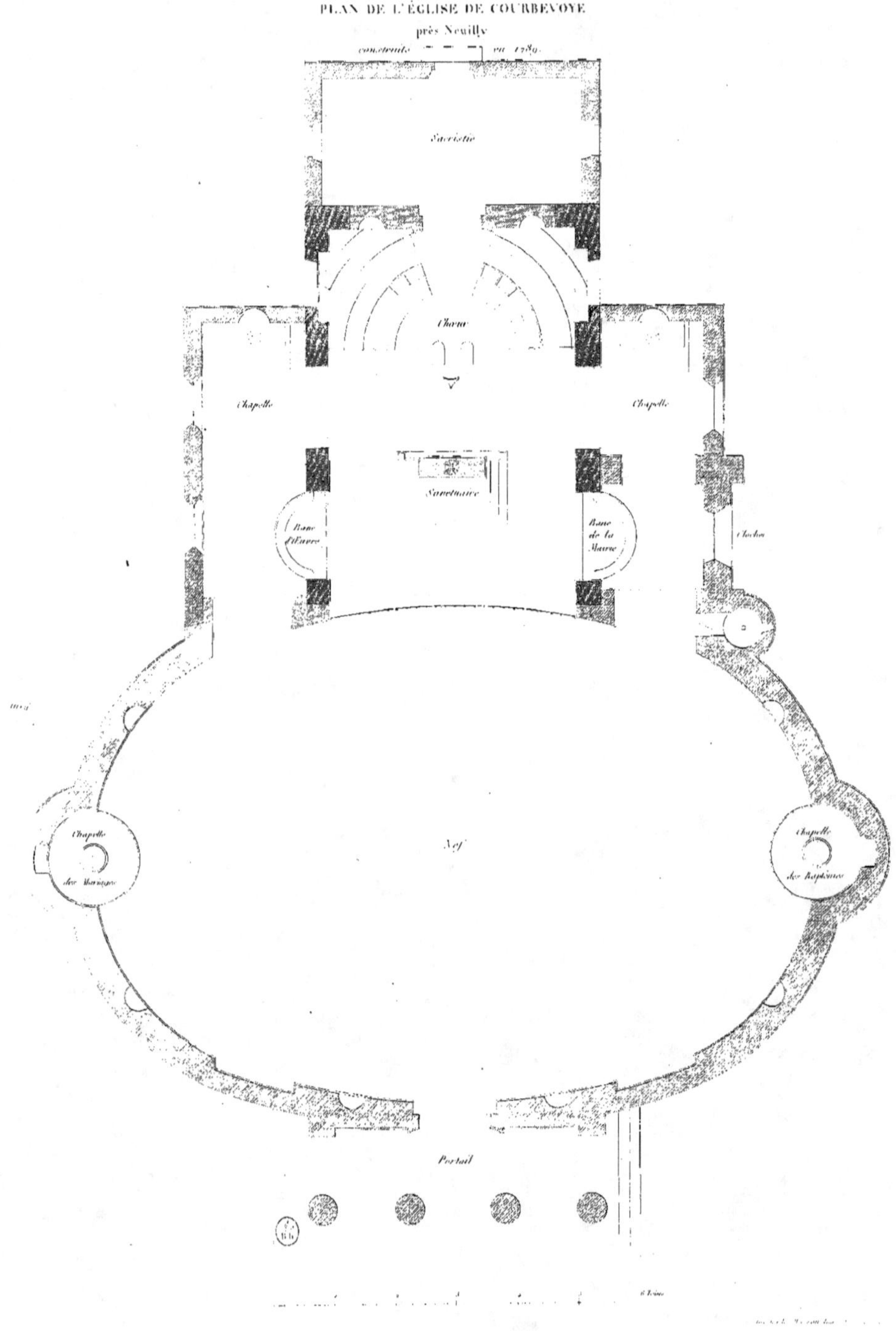

PLAN DE L'ÉGLISE DE COURBEVOYE

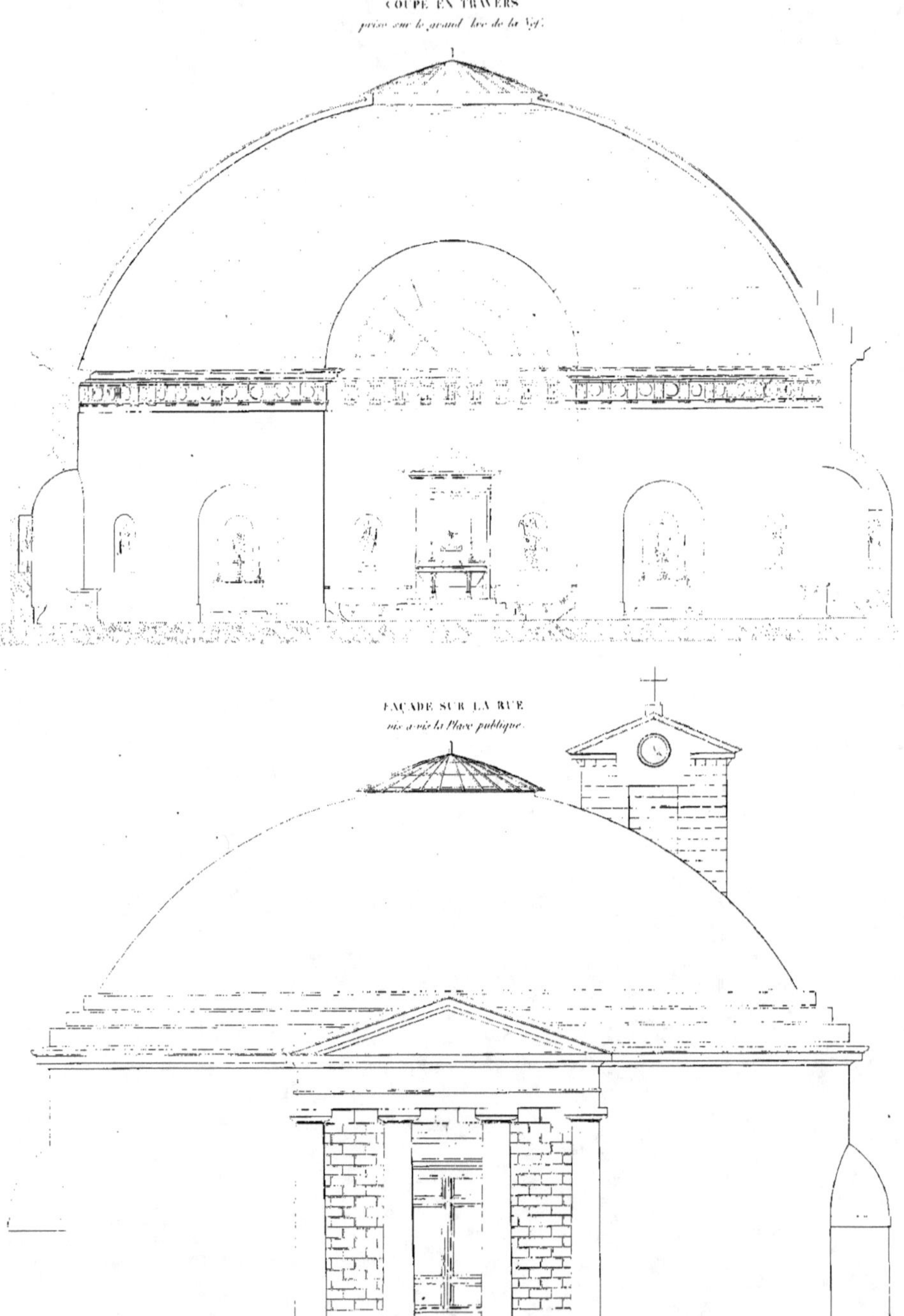

COUPE EN TRAVERS
prise sur le grand axe de la Nef.
FAÇADE SUR LA RUE
vis a vis la Place publique.

FAÇADE D'ENTRÉE
au Couchant.

Échelle de 9 Toises.

COUPE SUR LA LONGUEUR.
Entablement extérieur à l'échelle de 6 lignes pour pied.
3me. Les lunettes inférieures à ...
Corniche et chambranle de la grande porte
Échelle de 6 lignes pour pied
Nouvelle corniche substituée à l'entablement qui était avec
frise et architrave avant la restauration, faite à cet édifice
dans un amas negligé les entretiens pendant plus de 25 ans
6 mètres

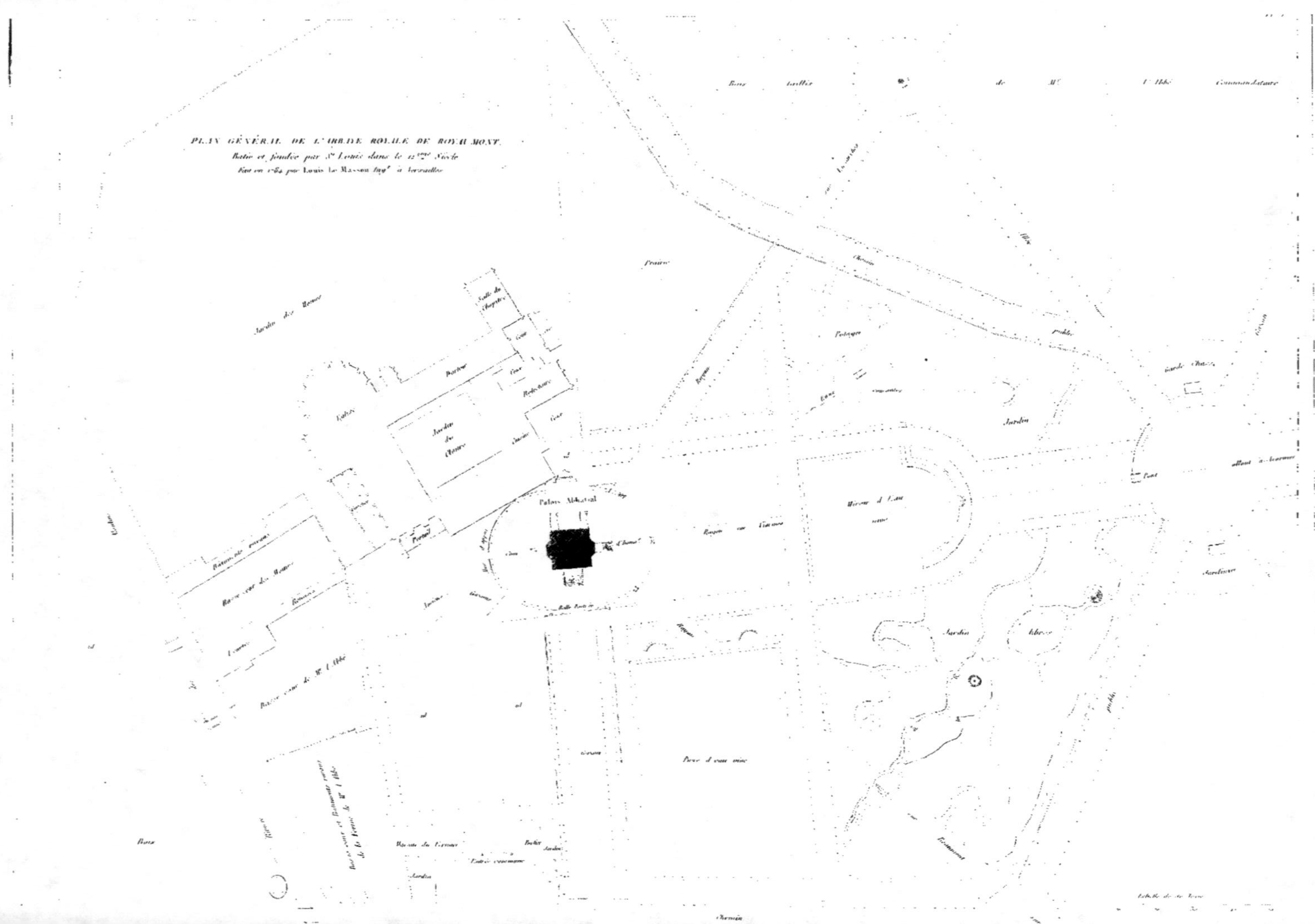

PLAN GÉNÉRAL DE L'ABBAYE ROYALE DE ROYAUMONT.
Batie et fondée par St Louis dans le 12me Siècle
Fait en 1784 par Louis Le Masson Ingr à Versailles

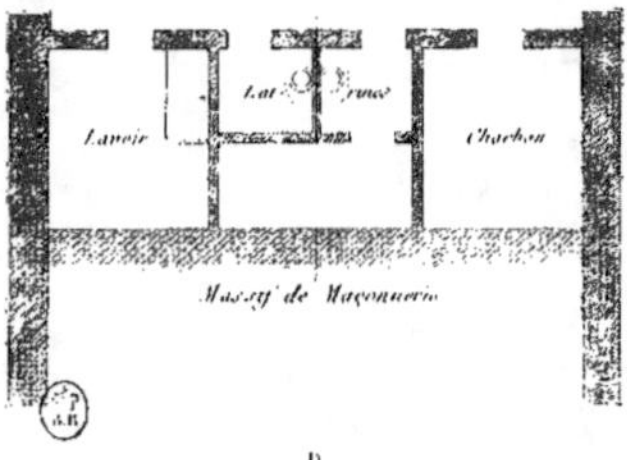

PALAIS ABBATIAL DE ROYAUMONT
Rez-de-Chaussée

Levant
C
Dépendances
Grand Escalier
Salle des Offices
Dégagement
Cuisine
Caves et Buchers
Galerie
Passage
Toscanne
Passage
A
B
Buffet
Buffet
Armoire
Salle à manger du commun
Fruitier
Caveau
Conciergerie
Entrée du Rez-de-Chaussée
Passage des Voitures pour descendre à couvert
Lavoir
Latrines
Charbon
Massif de Maçonnerie
D
Couchant

Echelle de 6 Toises

Inventé Le Masson Ingr et Architecte 1783

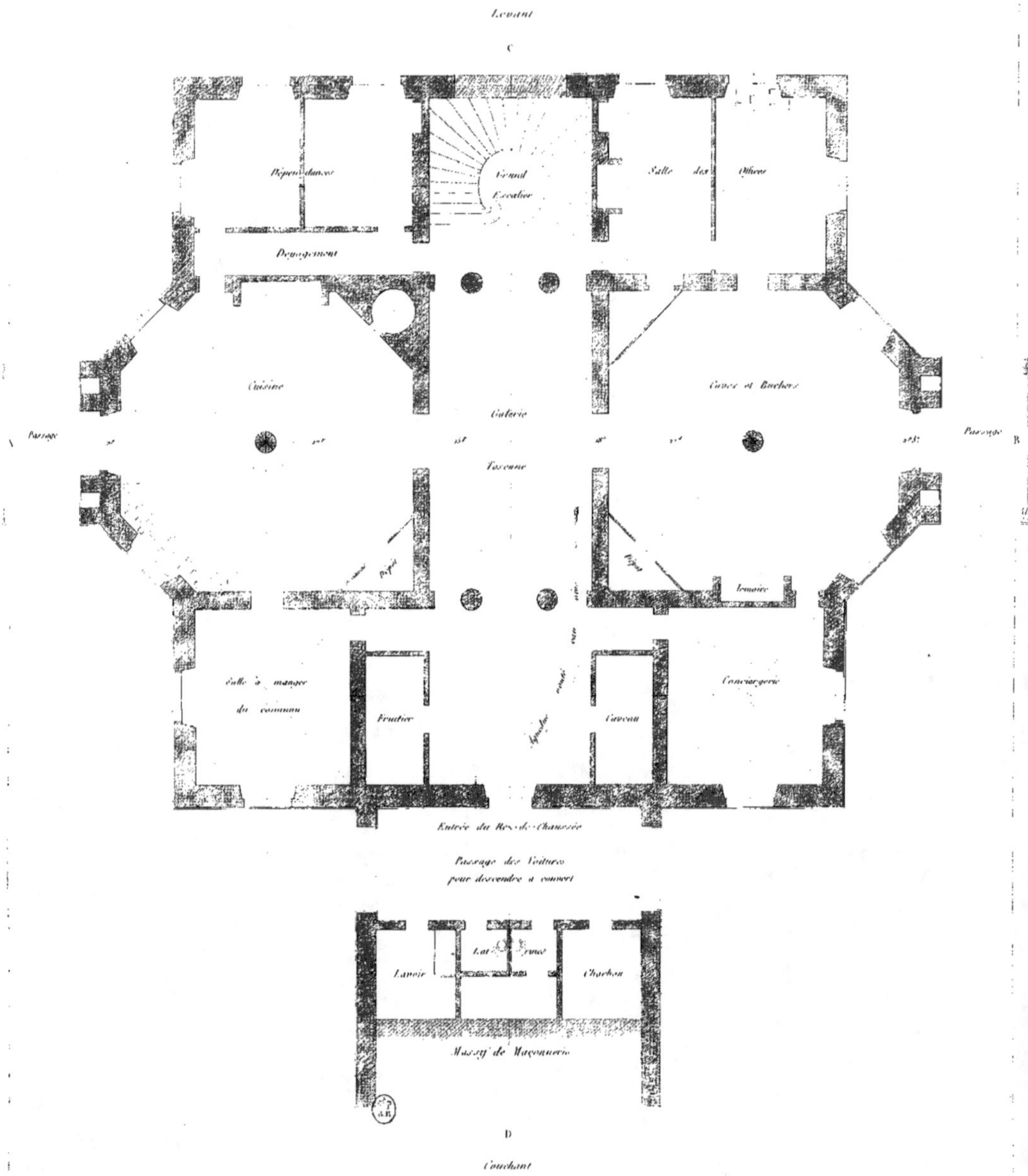

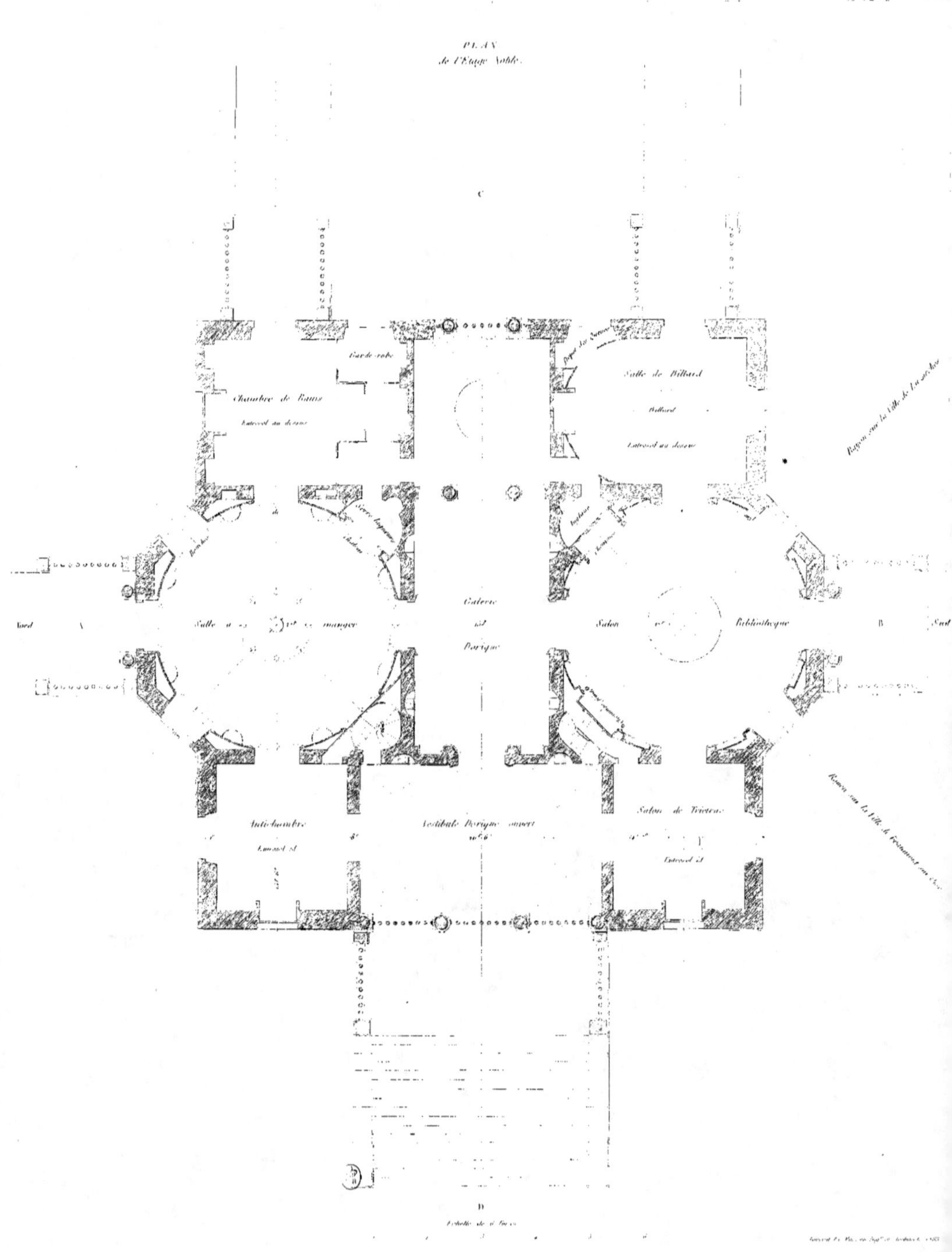
Pl. 3
PLAN
de l'Étage Noble.
Garde-robe
Chambre de Bains
Entresol au dessus
Salle de Billard
Billard
Entresol au dessus
Nord
Salle à manger
Galerie
Vestibule
Salon
Bibliothèque
Sud
Antichambre
Vestibule Portique ouvert
Salon de Toilette
Échelle

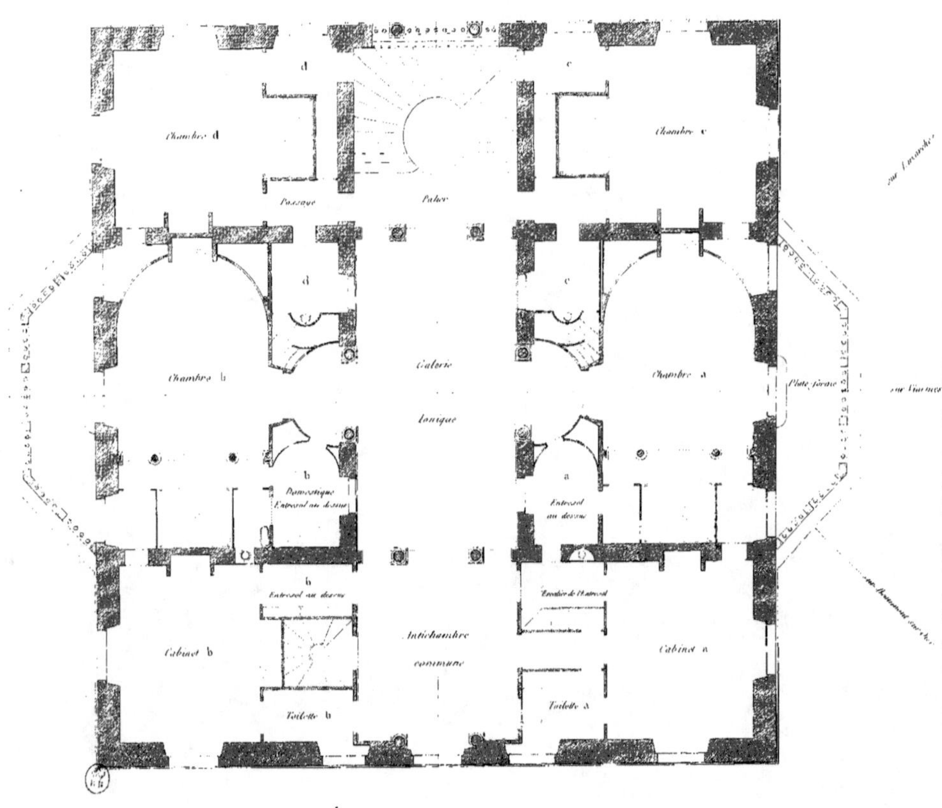

DEUXIÈME ÉTAGE
Chambre d
Chambre c
Passage
Palier
Chambre b
Galerie Ionique
Chambre a
Domestique Entresol au dessus
Entresol au dessus
Entresol au dessus
Escalier de l'entresol
Cabinet b
Antichambre commune
Cabinet a
Toilette b
Toilette a
Échelle de 6 Mètres

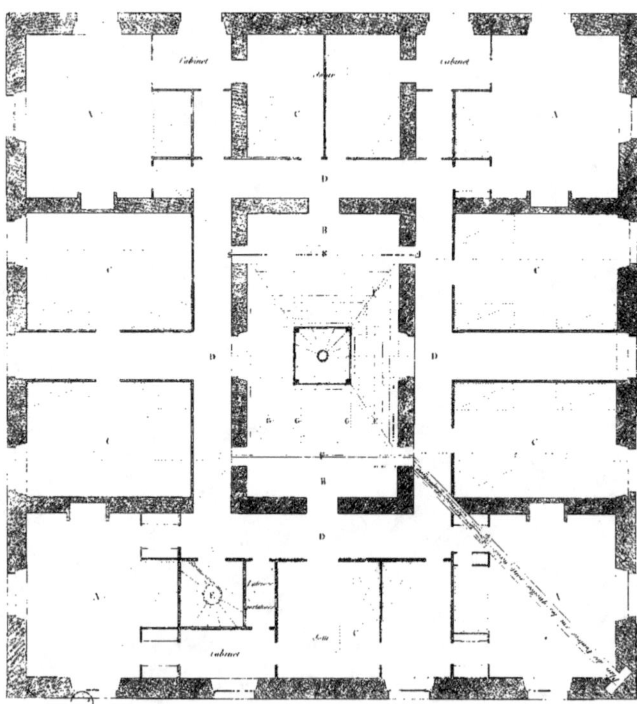
ÉTAGE ATTIQUE
cabinet
cabinet
cabinet
cabinet
A
B
C
D
E
F
G
A. Logemens des Communaux de M. l'Abbé Commandataire dans l'étage attique.
B. Garde-meuble au milieu du quel est l'escalier à claire voie qui conduit à la plate-forme qui couronne ce Palais.
C. Logemens des gens de Livrée.
D. Corridors.
E. Escalier montant du second à l'étage attique
F. Poutres sur lesquelles reposent en coupe les pièces des deux pentes de la balustrade du côté du levant et du couchant de la susdite plate-forme
F. Plancher du Garde-meuble: le dessous fait partie des avancées
G. Arrêtoirs et pierre posée en décharge pour soutenir l'escalier suspendu et empêcher qu'il ne porte de son poids sur le plancher de l'aire du Garde-meuble, voyez les plans et les coupes où est marquée cet appareil

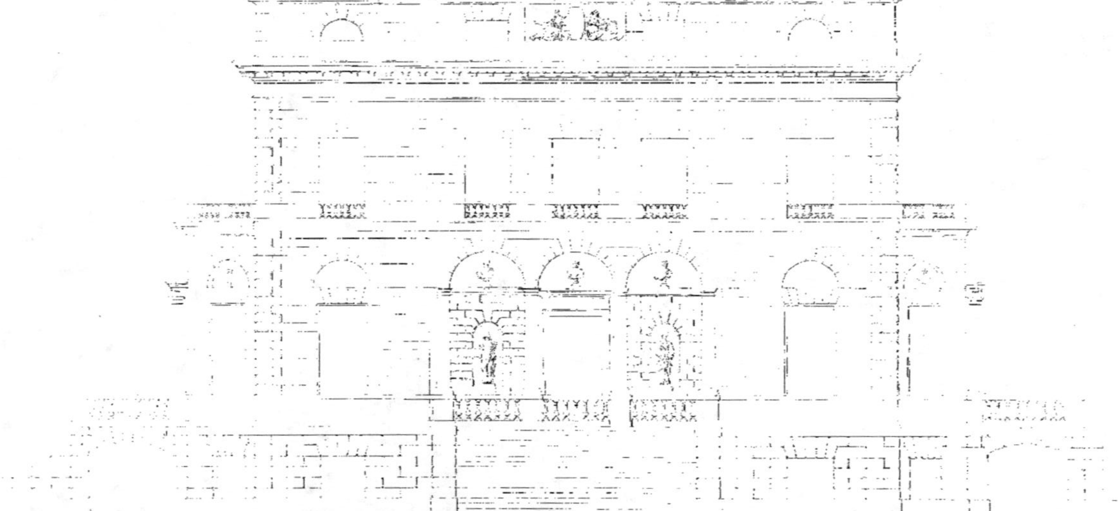
FAÇADE D'ENTRÉE
au couchant
Échelle de 2 Toises.

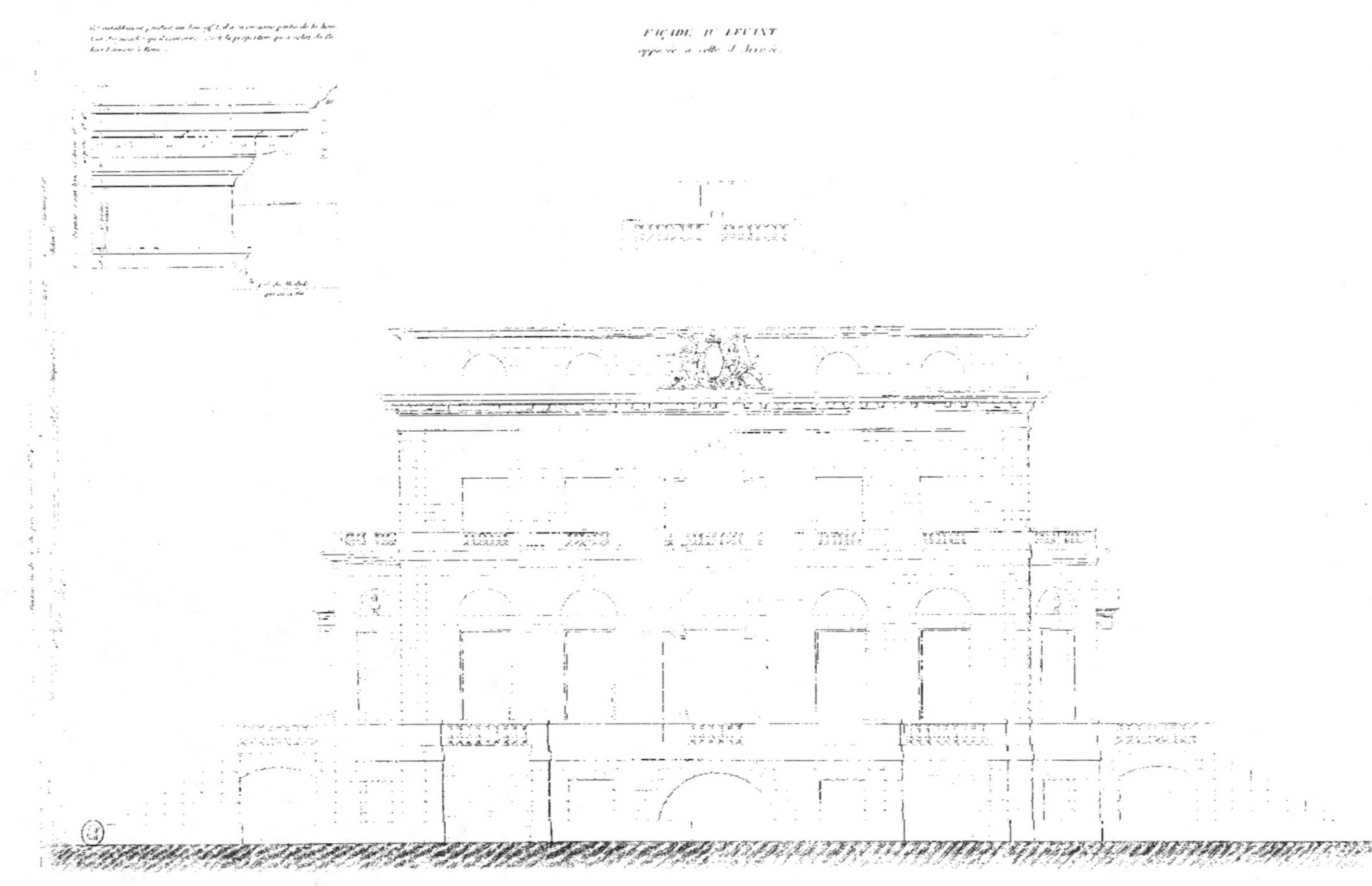
FAÇADE DU LEVANT
apparié a celle d'Auteuil.

FAÇADE DU MIDI ET DU NORD.

COUPE SUR A.B. DES PLANS.

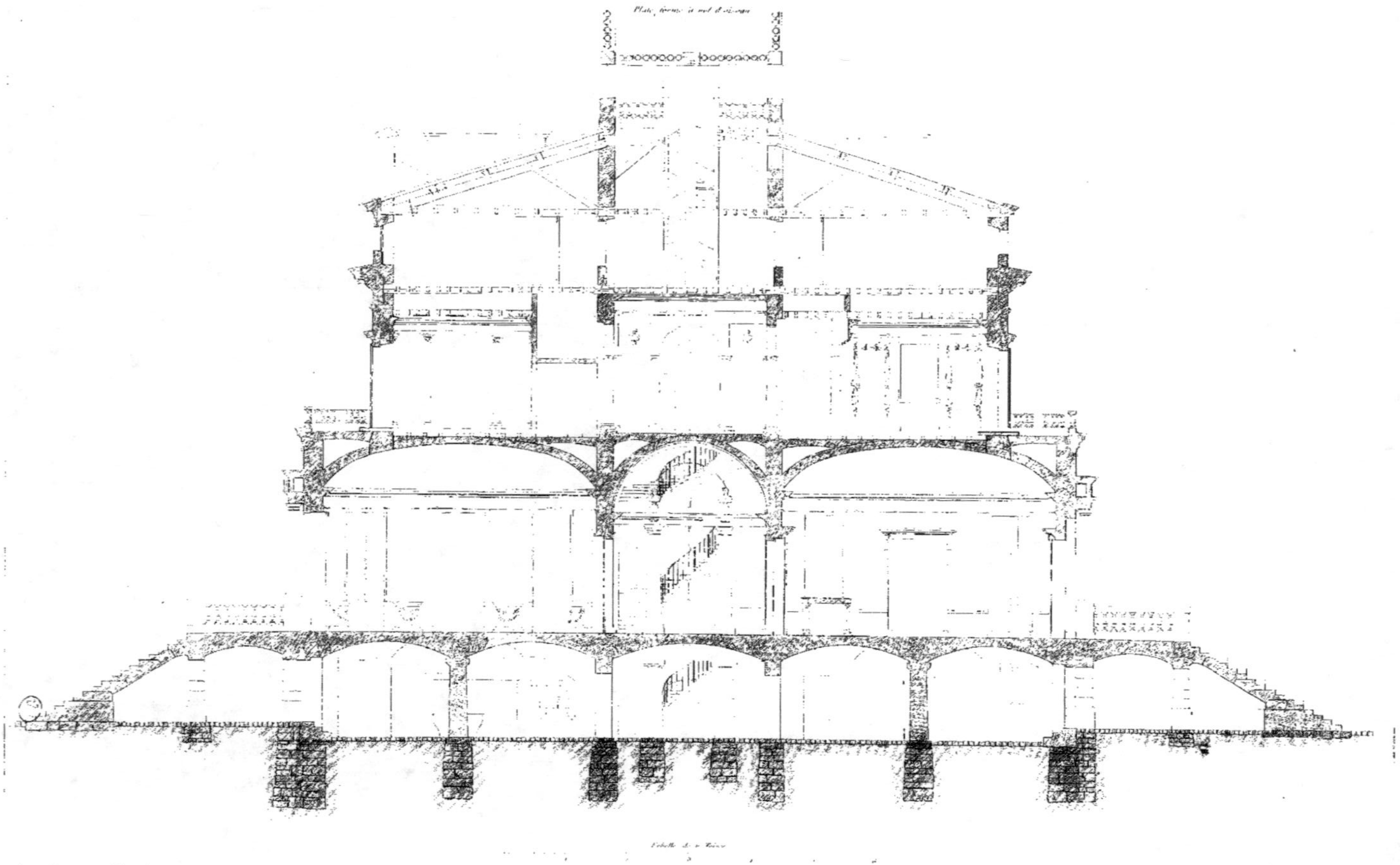

Échelle de 5 mètres.

COUPE SUR LA LIGNE C.D.
des Plans
Épure des Planchers vus en Coupe.
Poutre artificielle.
Échelle de 10 Mètres.

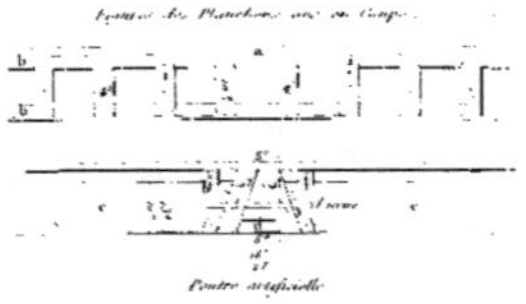

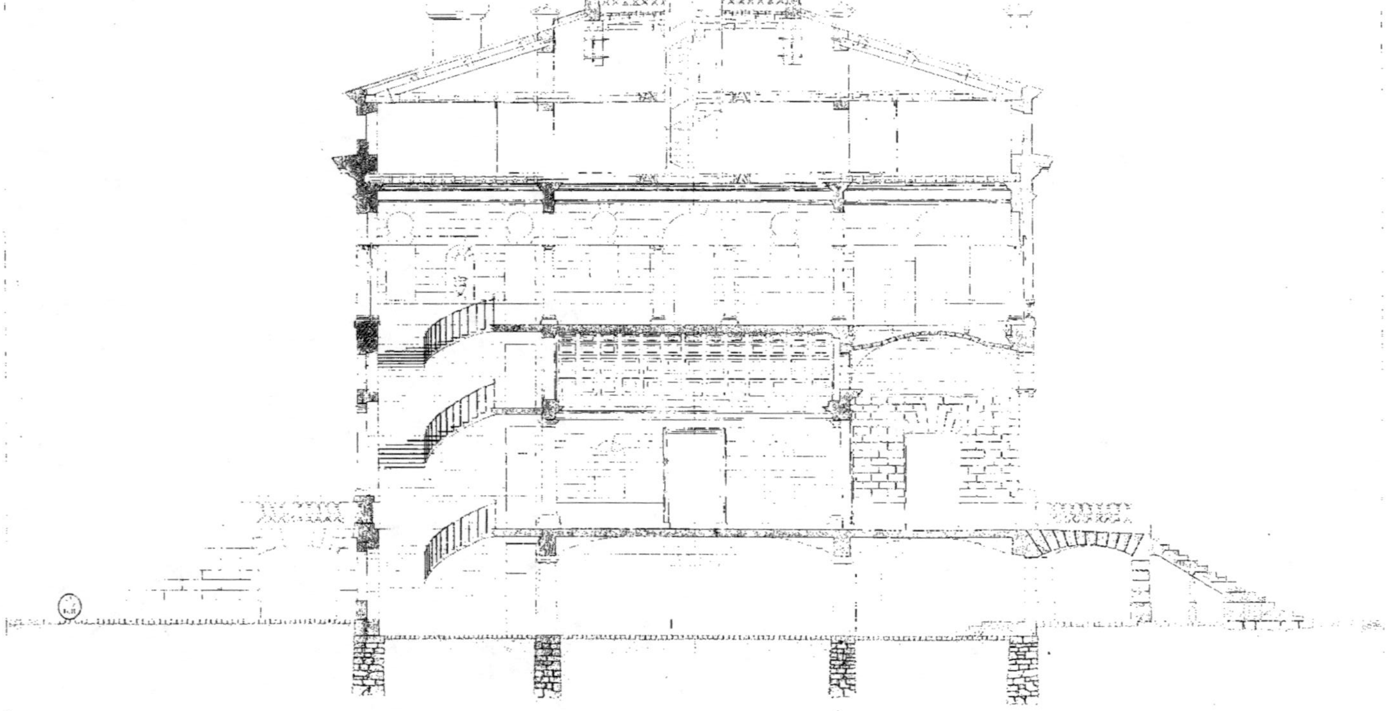

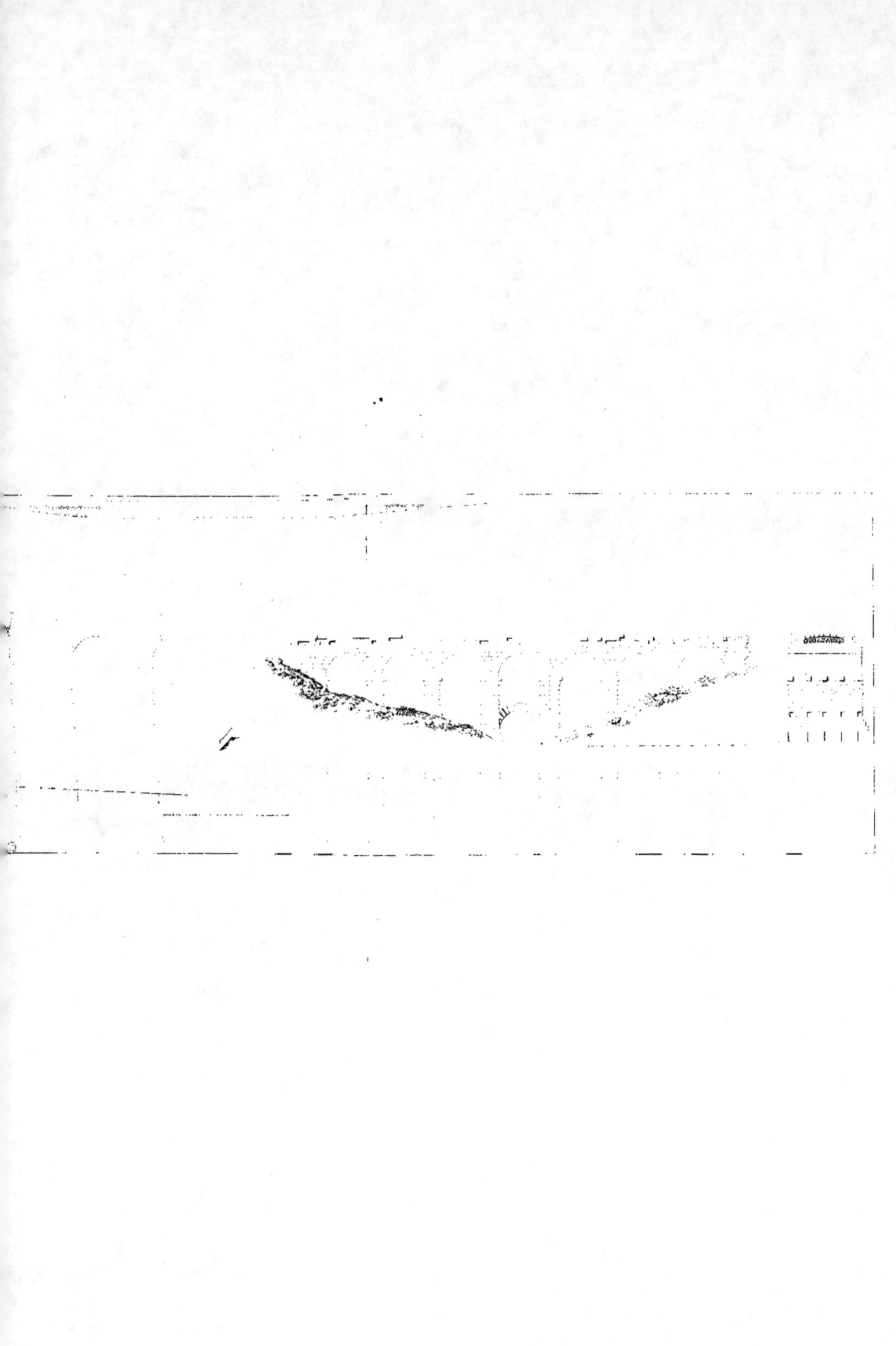

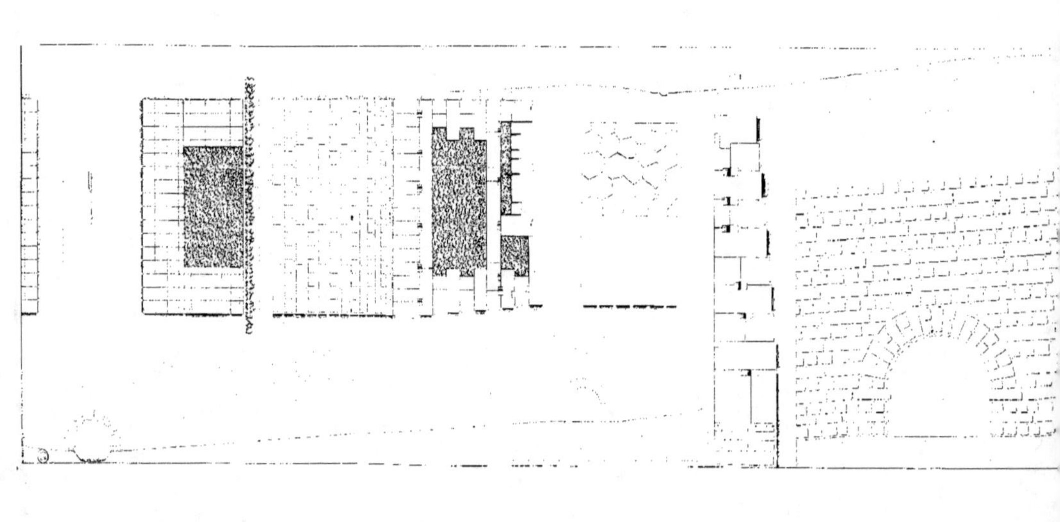